AF205722

Impressum
Verlag: BABADADA GmbH, Nedderfeld 112 , 22529 Hamburg
Geschäftsführer / Verlagsleitung: Harald Hof
Druck: Books on Demand GmbH, In de Tarpen 42, 22848 Norderstedt

Imprint
Publisher: BABADADA GmbH, Nedderfeld 112 , 22529 Hamburg, Germany
Managing Director / Publishing direction: Harald Hof
Print: Books on Demand GmbH, In de Tarpen 42, 22848 Norderstedt, Germany

sekolah

kool

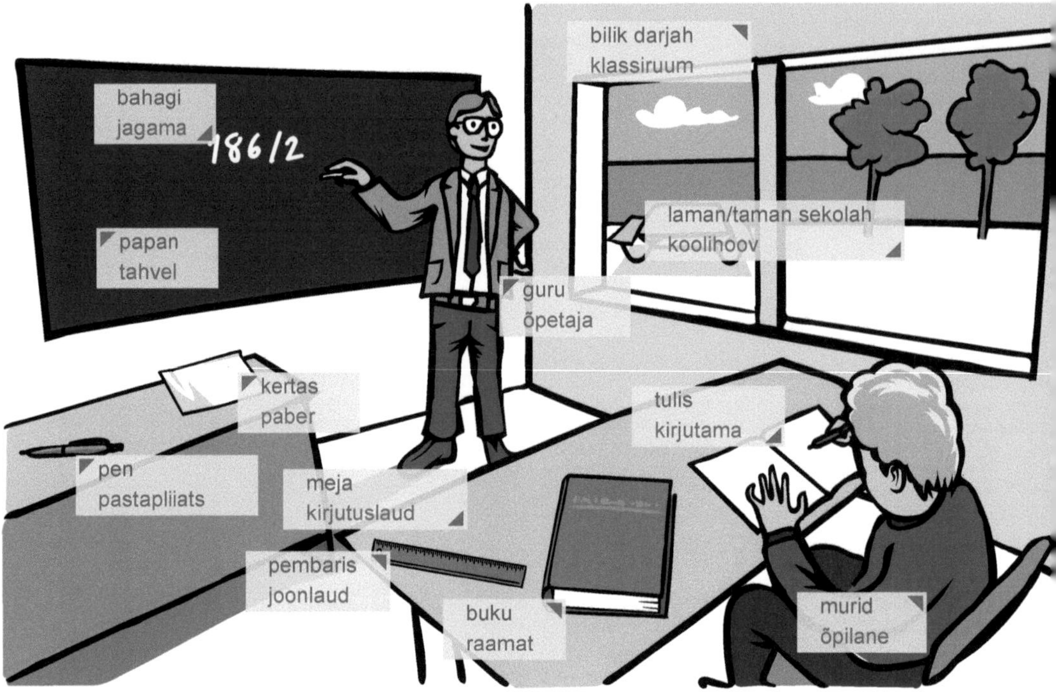

bilik darjah
klassiruum
bahagi
jagama
186/2
papan
tahvel
laman/taman sekolah
koolihoov
guru
õpetaja
kertas
paber
tulis
kirjutama
pen
pastapliiats
meja
kirjutuslaud
pembaris
joonlaud
buku
raamat
murid
õpilane

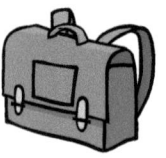

beg galas

koolikott

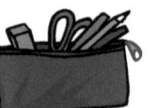

kotak pensel

pinal

pensel

harilik pliiats

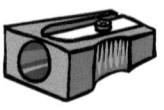

pengasah pensel

pliiatsiteritaja

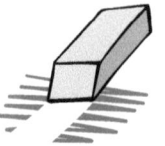

pemadam

kustukumm

kertas lukisan

joonistusplokk

melukis

joonistus

berus lukis

pintsel

kotak warna

värvikarp

gunting

käärid

gam

liim

buku latihan

töövihik

kerja rumah

kodutöö

12

nombor

number

2+2

tambah

liitma

5-2

tolak

lahutama

2×2

darab

korrutama

kira

arvutama

A

huruf

täht

ABCDEFG HIJKLMN OPQRSTU VWXYZ

abjad

tähestik

kata

sõna

teks
tekst

baca
lugema

kapur
kriit

pelajaran
koolitund

daftar
klassipäevik

peperiksaan
eksam

sijil
tunnistus

uniform sekolah
koolivorm

pendidikan
haridus

ensiklopedia
entsüklopeedia

universiti
ülikool

mikroskop
mikroskoop

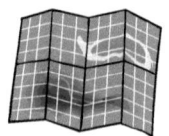

peta
kaart

bakul sampah
paberikorv

hotel
hotell

Grand

asrama
hostel

ROOMS

pejabat tukaran mata wang
valuutavahetuspunkt

ECHANGE

D

beg pakaian
kohver

kereta
auto

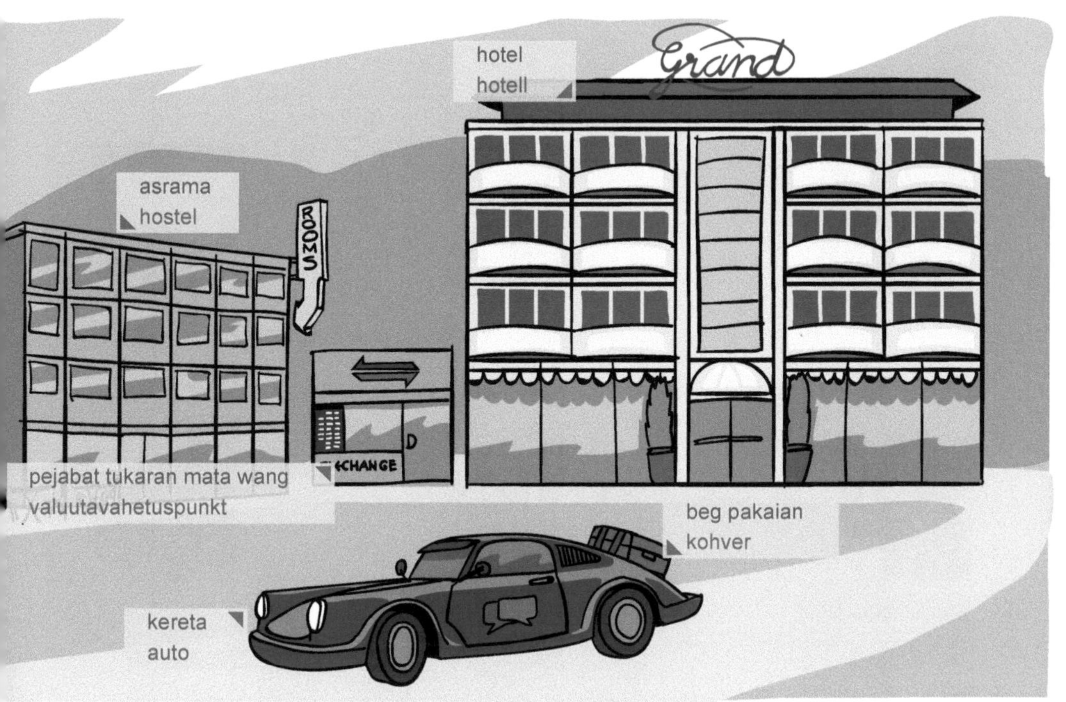

bahasa
keel

ya / tidak
jah / ei

okey
okei

helo
Tere!

penterjemah
tõlk

Terima kasih
Aitäh!

berapa banyak...?

Kui palju maksab ...?

saya tidak faham

Ma ei saa aru

masalah

probleem

Selamat petang!

Tere õhtust!

Selamat Pagi!

Tere hommikust!

Selamat Malam!

Head ööd!

selamat tinggal

Head aega!

arah

suund

bagasi

pagas

beg

kott

beg galas

seljakott

tetamu

külaline

bilik tidur

tuba

beg tidur

magamiskott

khemah

telk

maklumat pelancong	pantai	kad kredit
turismiinfo	rand	krediitkaart

sarapan	makan tengah hari	makan malam
hommikusöök	lõunasöök	õhtusöök

tiket	lif	setem
pilet	lift	postmark

sempadan	kastam	kedutaan
riigipiir	toll	saatkond

visa	pasport	
viisa	pass	

pengangkutan

transport

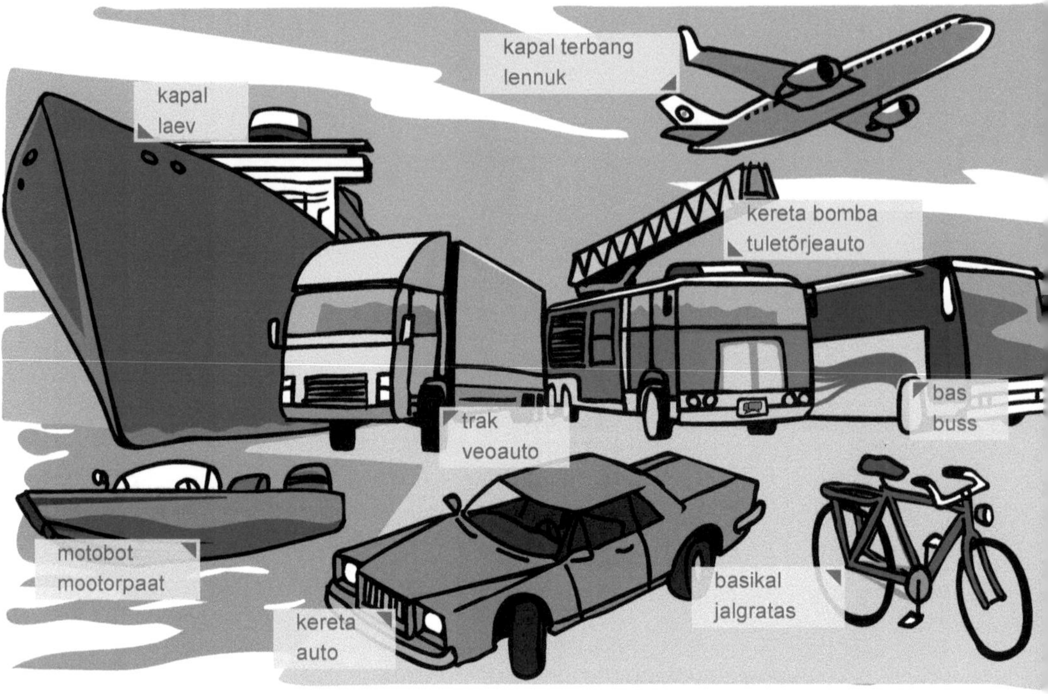
kapal terbang
lennuk
kapal
laev
kereta bomba
tuletõrjeauto
bas
buss
trak
veoauto
motobot
mootorpaat
basikal
jalgratas
kereta
auto

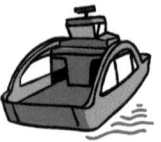

feri

praam

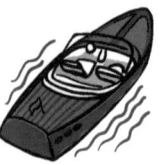

bot

paat

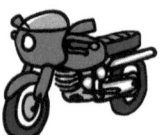

motosikal

mootorratas

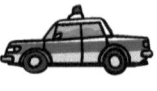

kereta polis

politseiauto

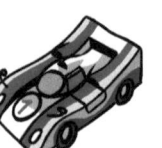

kereta lumba

võidusõiduauto

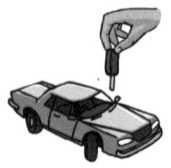

kereta sewa

rendiauto

berkongsi kereta

ühisauto

trak tunda

puksiirauto

trak menolak

prügiauto

motor

mootor

bahan api

kütus

stesen minyak

tankla

tanda trafik

liiklusmärk

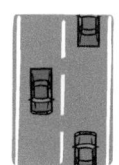

trafik

liiklus

kesesakan lalu lintas

liiklusummik

tempat parkir

parkla

stesen kereta api

raudteejaam

trek

rööpad

kereta api

rong

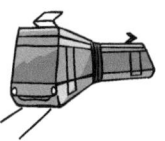

trem

tramm

gerabak

vagun

helikopter

helikopter

lapangan terbang

lennujaam

Menara

torn

penumpang

reisija

bekas

konteiner

kadbod

pappkast

kart

käru

bakul

korv

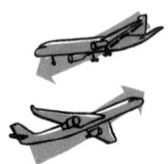

berlepas / mendarat

õhku tõusma / maanduma

bandar

linn

kampung

küla

pusat bandar

kesklinn

rumah

maja

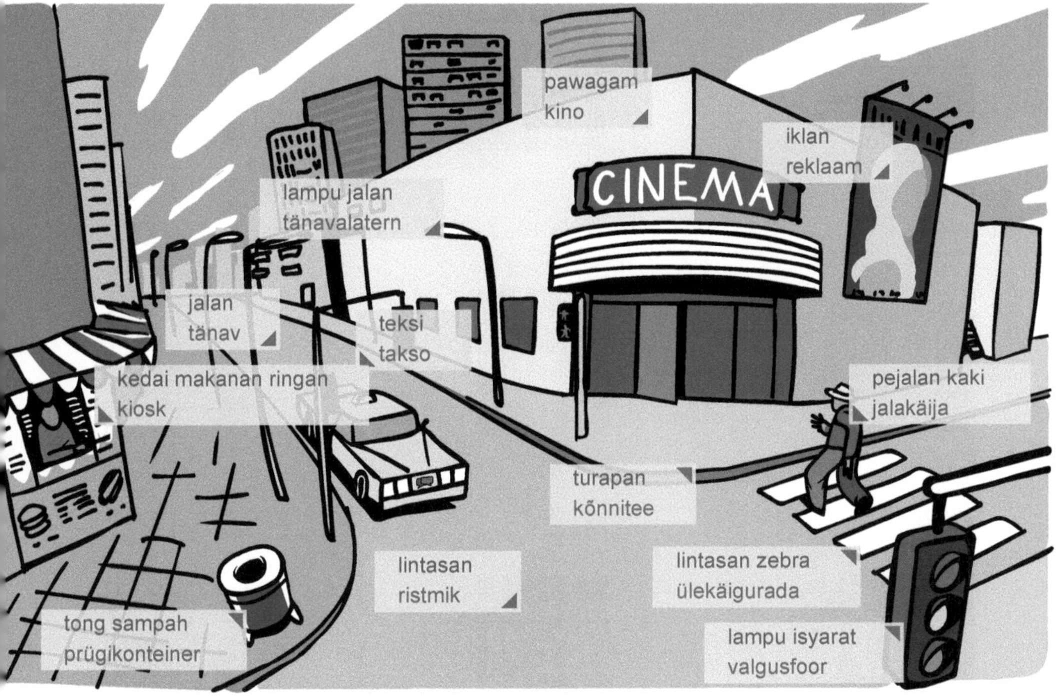

pawagam
kino

iklan
reklaam

lampu jalan
tänavalatern

jalan
tänav

teksi
takso

CINEMA

kedai makanan ringan
kiosk

pejalan kaki
jalakäija

turapan
kõnnitee

lintasan
ristmik

lintasan zebra
ülekäigurada

tong sampah
prügikonteiner

lampu isyarat
valgusfoor

pondok
osmik

flat
kortermaja

stesen kereta api
raudteejaam

dewan bandar
raekoda

muzium
muuseum

sekolah
kool

bandar - linn

universiti

ülikool

bank

pank

hospital

haigla

hotel

hotell

farmasi

apteek

pejabat

kontor

kedai buku

raamatupood

kedai

kauplus

kedai bunga

lillepood

pasar raya

supermarket

pasaran

turg

gedung

kaubamaja

penjual ikan

kalapood

pusat membeli-belah

kaubanduskeskus

pelabuhan

sadam

taman

park

bangku

pink

jambatan

sild

tangga

trepp

bawah tanah

metroo

terowong

tunnel

hentian bas

bussipeatus

bar

baar

restoran

restoran

peti surat

postkast

papan tanda jalan

tänavasilt

meter parkir

parkimisautomaat

zoo

loomaaed

kolam renang

ujula

masjid

mošee

ladang
talu

pencemaran
reostus

tanah perkuburan
surnuaed

gereja
kirik

taman permainan
mänguväljak

kuil
tempel

landskap
maastik

daun
leht

tiang tanda
teeviit

jalan
tee

padang rumput
aas

batu
kivi

pejalan kaki
matkaja

pokok
puu

sungai
jõgi

rumput
rohi

bunga
lill

lembah
org

bukit
mägi

tasik
järv

hutan
mets

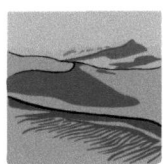

padang pasir
kõrb

gunung berapi
vulkaan

istana
linnus

pelangi
vikerkaar

cendawan
seen

pokok kelapa sawit
palm

nyamuk
sääsk

terbang
kärbes

semut
sipelgas

lebah
mesilane

labah-labah
ämblik

kumbang

mardikas

katak

konn

tupai

orav

landak

siil

arnab

jänes

burung hantu

öökull

burung

lind

angsa

luik

babi jantan

metssiga

rusa

hirv

moose

põder

empangan

pais

turbin angin

tuuleturbiin

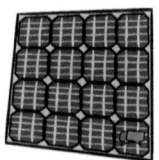

panel solar

päikesepaneel

iklim

kliima

restoran

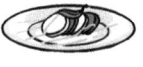

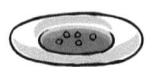

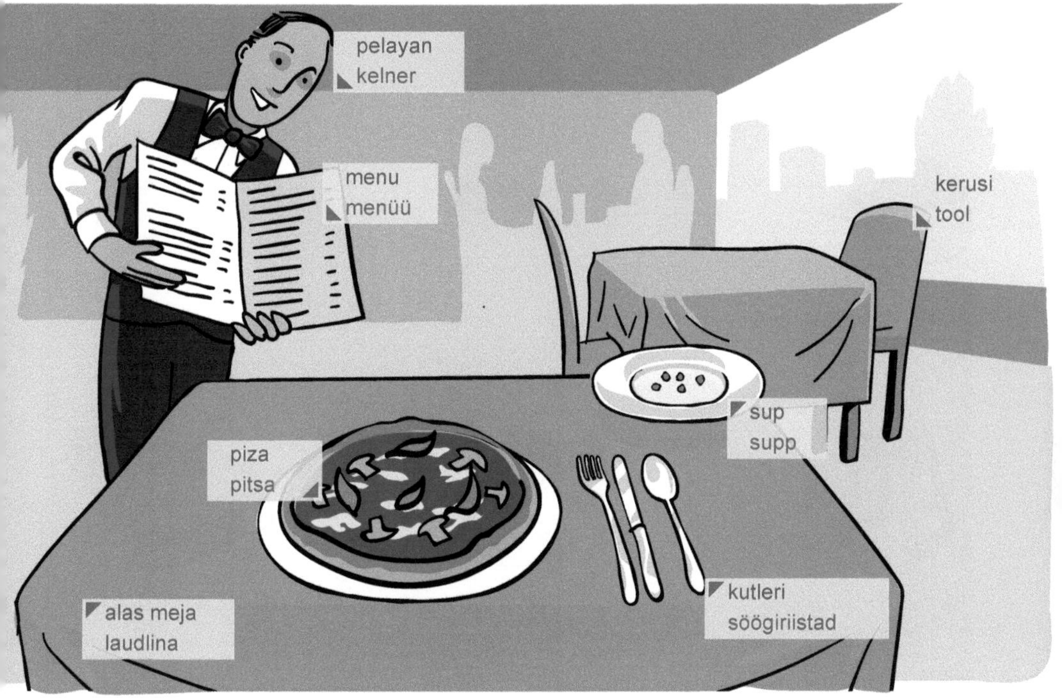

pelayan
kelner
menu
menüü
kerusi
tool
sup
supp
piza
pitsa
kutleri
söögiriistad
alas meja
laudlina

pemula

eelroog

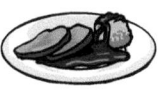

hidangan utama

pearoog

pencuci mulut

magustoit

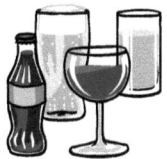

minuman

joogid

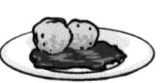

makanan

toit

botol

pudel

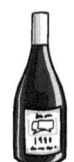

makanan segera

kiirtoit

makanan jalanan

tänavatoit

teko

teekann

mangkuk gula

suhkrutoos

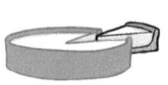

bahagian

portsjon

mesin espreso

espressomasin

kerusi tinggi

lastetool

bil

arve

dulang

kandik

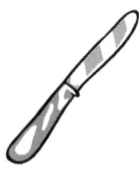

pisau

nuga

garfu

kahvel

sudu

lusikas

sudu teh

teelusikas

serviette

salvrätik

gelas

klaas

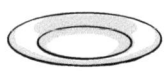

pinggan

taldrik

mangkuk sup

supitaldrik

piring

alustass

sos

kaste

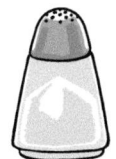

tempat garam

soolatoos

pengisar lada

pipraveski

cuka

äädikas

minyak

õli

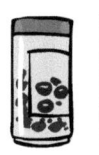

rempah

vürtsid

sos

ketšup

mustard

sinep

mayones

majonees

pasar raya

supermarket

tawaran istimewa
eripakkumine
FOR
pelanggan
klient
tenusu
piimatooted
buah-buahan
puuviljad
troli
ostukäru

BUTCHERS

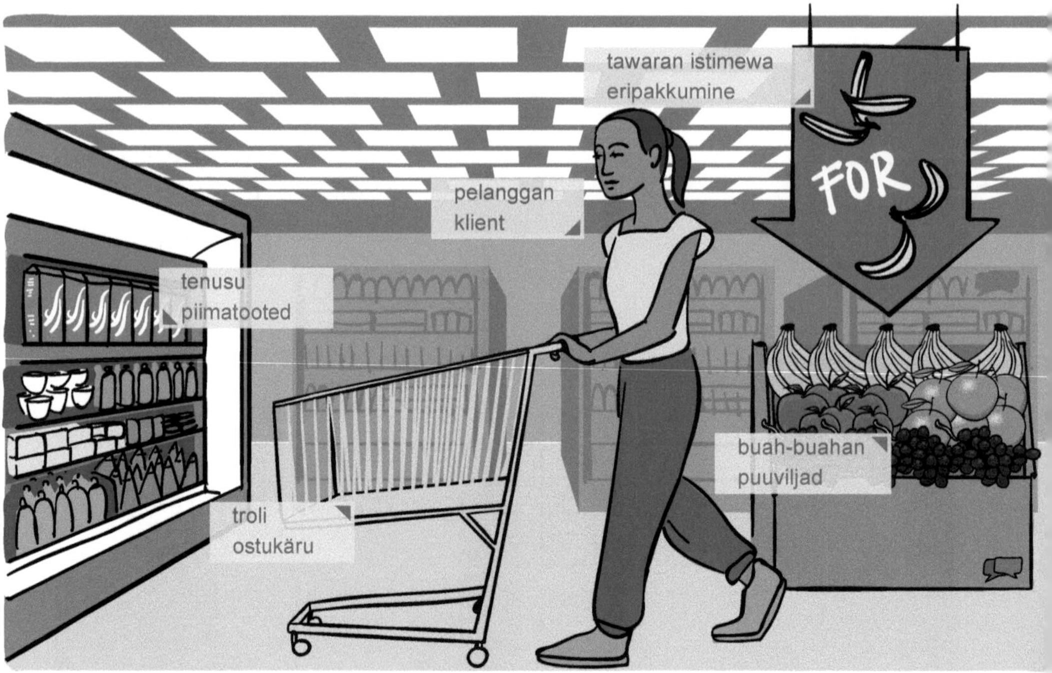

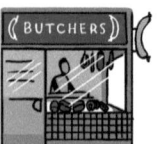

tukang daging

lihapood

BAKERY

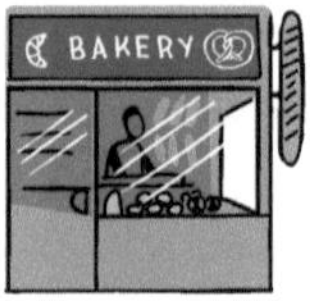

kedai roti

pagariäri

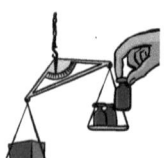

berat

kaaluma

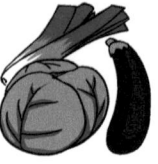

sayur-sayuran

köögiviljad

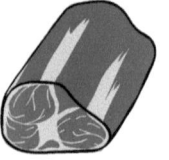

daging

liha

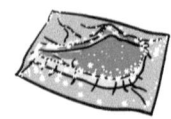

makanan sejuk beku

külmutatud toit

daging sejuk

lihalõigud

makanan dalam tin

konservid

serbuk pencuci

pesupulber

gula-gula

maiustused

produk isi rumah

majatarbed

produk pembersihan

puhastustooted

orang jualan

müüja

daftar tunai

kassaaparaat

juruwang

kassapidaja

senarai membeli-belah

ostunimekiri

waktu pembukaan

lahtiolekuajad

beg duit

rahakott

kad kredit

krediitkaart

beg

kott

beg plastik

kilekott

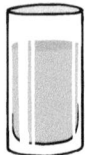

air
vesi

jus
mahl

susu
piim

kola
koola

wain
vein

bir
õlu

alkohol
alkohol

koko
kakao

the
tee

kopi
kohv

espreso
espresso

kapucino
cappuccino

pisang

banaan

epal

õun

oren

apelsin

tembikai

arbuus

lemon

sidrun

lobak merah

porgand

bawang putih

küüslauk

buluh

bambus

bawang

sibul

cendawan

seen

kacang

pähklid

mi

nuudlid

spageti

spagetid

nasi

riis

salad

salat

kerepek

friikartulid

kentang goreng

praekartulid

piza

pitsa

hamburger

hamburger

sandwic

võileib

kutlet

šnitsel

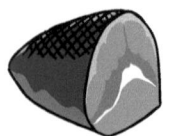

ham

sink

salami

salaami

sosej

vorst

ayam

kana

panggang

praeliha

ikan

kala

bubur oat

kaerahelbed

muesli

müsli

emping jagung

maisihelbed

tepung

jahu

kroisan

sarvesai

roti roll

kukkel

roti

leib

roti bakar

röstsai

biskut

küpsised

mentega

või

dadih

kohupiim

kek

kook

telur

muna

telur goreng

praemuna

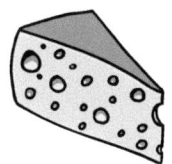

keju

juust

ais krim

jäätis

gula

suhkur

madu

mesi

jem

moos

krim nougat

pähklivõie

kari

karri

ladang

talu

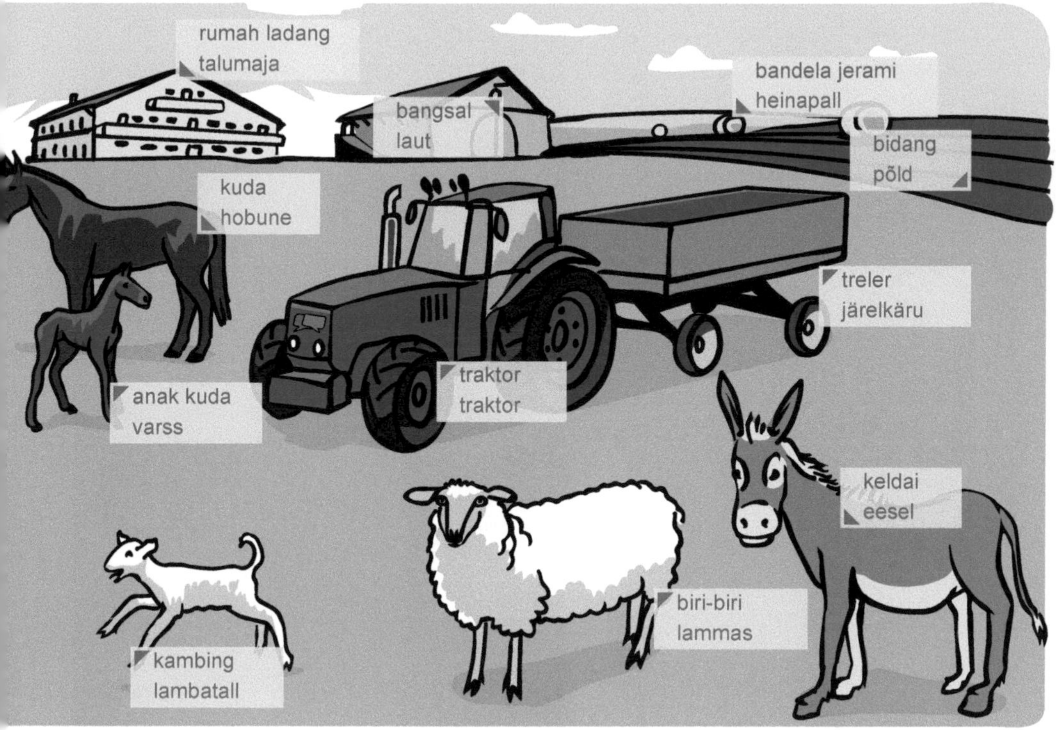

rumah ladang
talumaja
bangsal
laut
bandela jerami
heinapall
bidang
põld
kuda
hobune
treler
järelkäru
traktor
traktor
anak kuda
varss
keldai
eesel
biri-biri
lammas
kambing
lambatall

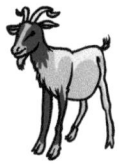

kambing

kits

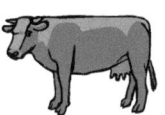

lembu

lehm

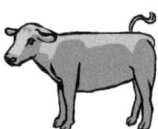

anak lembu

vasikas

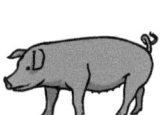

babi

siga

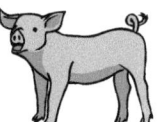

anak babi

põrsas

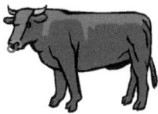

lembu

pull

angsa
hani

itik
part

anak ayam
tibu

ayam betina
kana

ayam jantan muda
kukk

tikus
rott

kucing
kass

tikus
hiir

lembu jantan
härg

anjing
koer

rumah anjing
koerakuut

hos taman
aiavoolik

bekas siraman
kastekann

sabit
vikat

bajak
ader

sabit
sirp

cangkul
kõblas

serampang peladang
hang

kapak
kirves

kereta sorong
käru

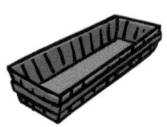

palung
küna

tin susu
piimanõu

karung
kott

pagar
tara

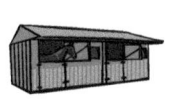

stabil
tall

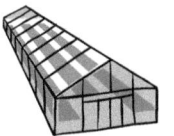

rumah hijau
kasvuhoone

tanah
muld

benih
seeme

baja
väetis

jentuai
kombain

tuai

saaki koristama

menuai

saagikoristus

keladi

jamss

gandum

nisu

soya

soja

kentang

kartul

jagung

mais

biji sawi

raps

pokok buah-buahan

viljapuu

ubi kayu

maniokk

bijirin

teravili

rumah
maja

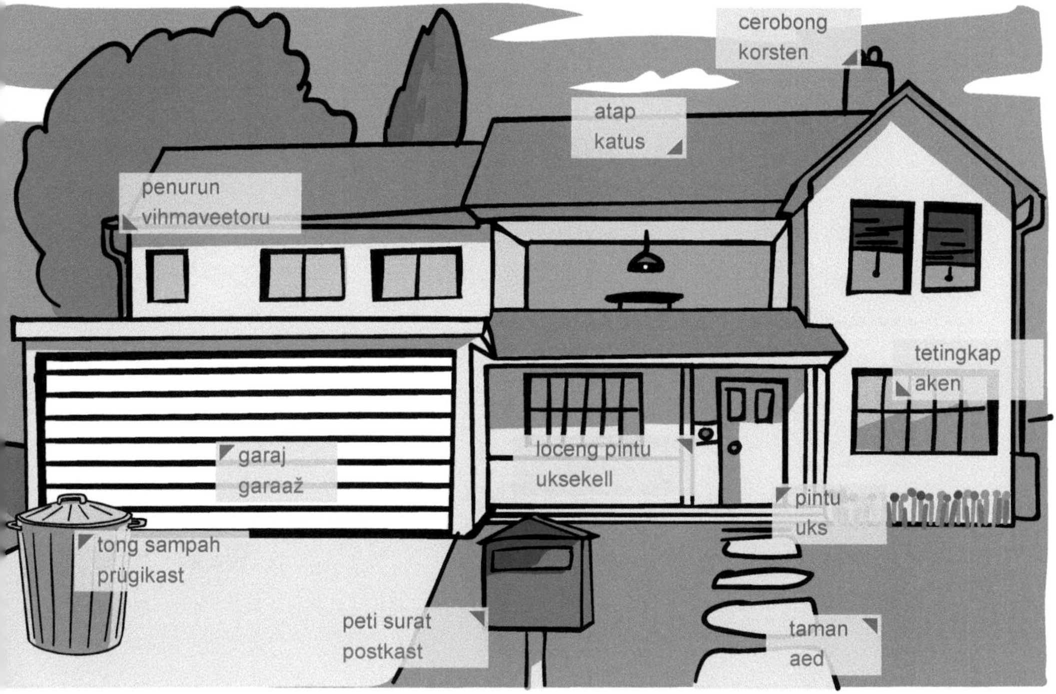
cerobong
korsten
atap
katus
penurun
vihmaveetoru
tetingkap
aken
garaj
garaaž
loceng pintu
uksekell
pintu
uks
tong sampah
prügikast
peti surat
postkast
taman
aed

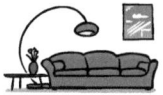

ruang tamu

elutuba

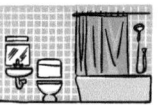

bilik air

vannituba

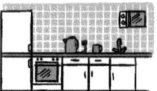

dapur

köök

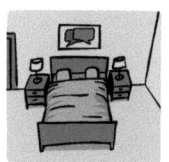

bilik tidur

magamistuba

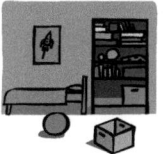

bilik kanak-kanak

lastetuba

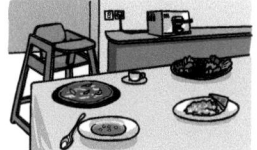

ruang makan

söögituba

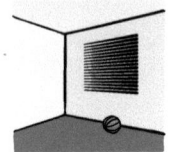

lantai
põrand

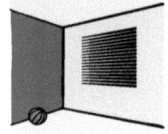

dinding
sein

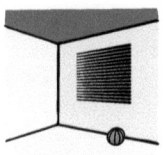

siling
lagi

bilik bawah tanah
kelder

sauna
saun

balkoni
rõdu

teres
terrass

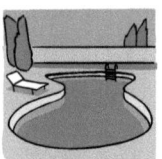

kolam renang
bassein

pemotong rumput
muruniiduk

lembaran
voodilina

penutup tilam
päevatekk

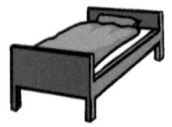

katil
voodi

penyapu
luud

timba
ämber

suis
lüliti

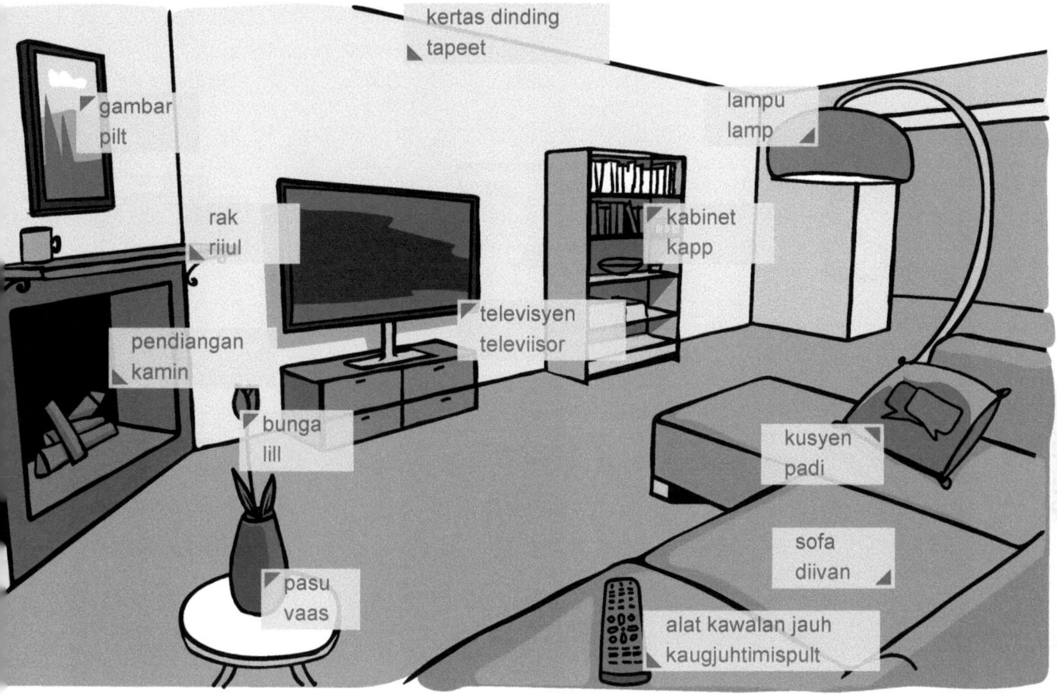

kertas dinding
tapeet

gambar
pilt

lampu
lamp

rak
riiul

kabinet
kapp

pendiangan
kamin

televisyen
televiisor

bunga
lill

kusyen
padi

sofa
diivan

pasu
vaas

alat kawalan jauh
kaugjuhtimispult

permaidani
vaip

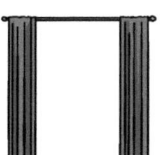

tirai
kardin

meja
laud

kerusi
tool

kerusi malas
kiiktool

kerusi
tugitool

buku
raamat

selimut
tekk

hiasan
kaunistus

kayu api
küttepuud

filem
film

hi-fi
helisüsteem

kunci
võti

akhbar
ajaleht

lukisan
maal

poster
plakat

radio
raadio

buku catatan
märkmik

penyedut habuk
tolmuimeja

kaktus
kaktus

lilin
küünal

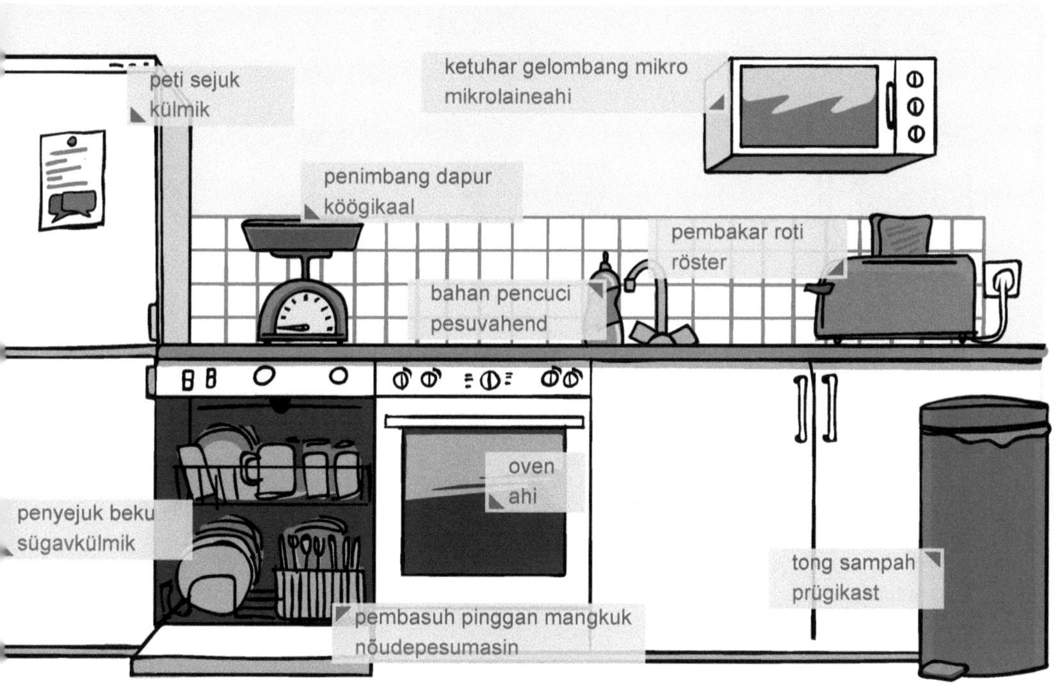

peti sejuk
külmik

ketuhar gelombang mikro
mikrolaineahi

penimbang dapur
köögikaal

pembakar roti
röster

bahan pencuci
pesuvahend

oven
ahi

penyejuk beku
sügavkülmik

tong sampah
prügikast

pembasuh pinggan mangkuk
nõudepesumasin

periuk dapur
pliit

periuk
pott

periuk besi
malmpott

kuali
vokkpann

pan
pann

cerek
veekeetja

pengukus

aurutaja

dulang pembakar

küpsetusplaat

pinggan mangkuk

lauanõud

koleh

kruus

mangkuk

kauss

penyepit

söögipulgad

senduk

kulp

spatula

pannilabidas

pengadun

vispel

penapis

kurn

ayak

sõel

pemarut

riiv

mortar

uhmer

barbeku

grill

pembakaran terbuka

lahtine tuli

papan pencincang

lõikelaud

pin golekan

tainarull

skru gabus

korgitser

tin

konservipurk

pembuka tin

konserviavaja

pemegang periuk

pajakinnas

sinki

kraanikauss

berus

hari

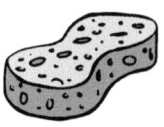

span

pesukäsn

pengisar

kannmikser

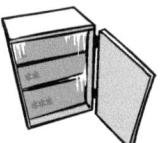

penyejuk beku

sügavkülmuti

botol bayi

lutipudel

paip

segisti

bilik air
vannituba

mandi
dušš
pemanasan
küte
tuala
käterätik
tirai mandi
dušikardin
mandi buih
mullivann
tab mandi
vann
gelas
klaas
mesin basuh
pesumasin
paip
segisti
jubin
plaadid
tandas
pissipott
sinki
kraanikauss

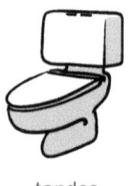

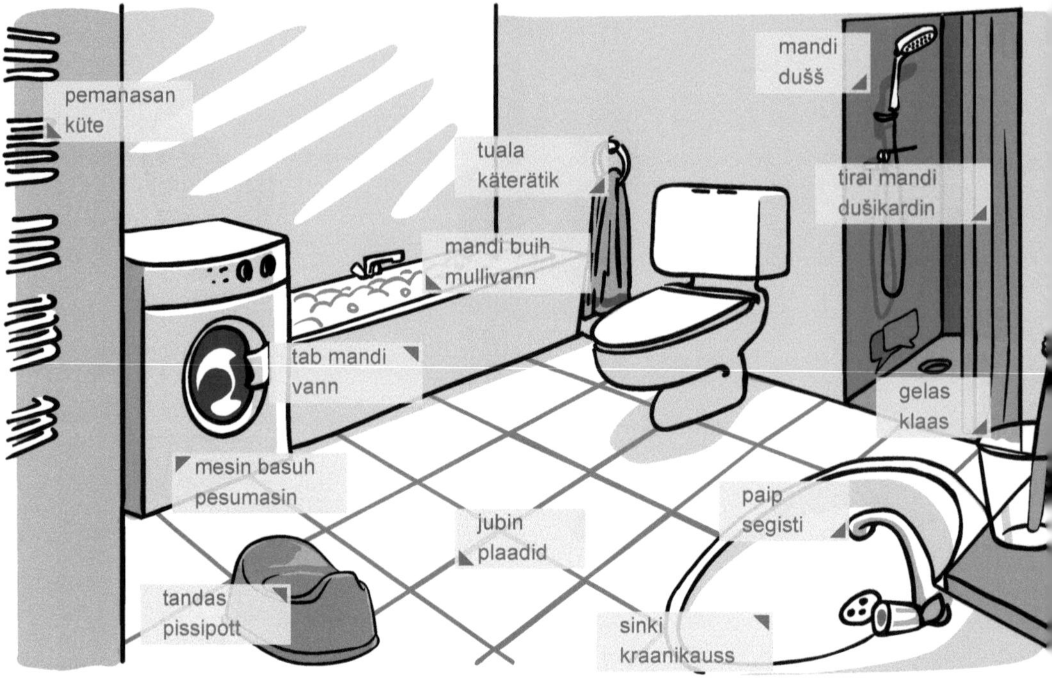

tandas

WC-pott

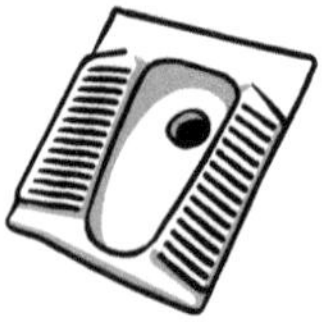

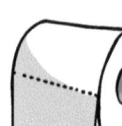

tandas mencangkung

kükitamistualett

mangkuk tandas

bidee

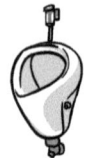

tandas awam

pissuaar

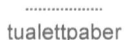

kertas tandas

tualettpaber

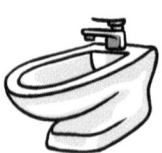

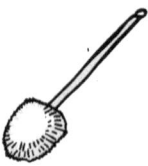

berus tandas

WC-hari

berus gigi

hambahari

ubat gigi

hambapasta

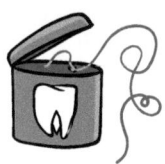

flos gigi

hambaniit

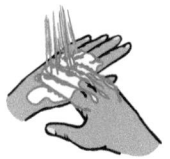

cuci

pesema

mandian tangan

käsidušš

pancuran

intiimdušš

besen

pesukauss

belakang berus

seljahari

sabun

seep

gel mandian

dušigeel

syampu

šampoon

flanel

vamm

longkang

äravool

krim

kreem

deodoran

deodorant

cermin

peegel

cermin tangan

käsipeegel

pisau cukur

habemenuga

busa cukur

raseerimisvaht

selepas cukur

habemevesi

sikat

kamm

berus

hari

pengering rambut

föön

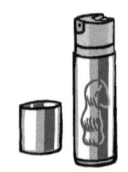

semburan rambut

juukselakk

mekap

meigikomplekt

gincu

huulepulk

varnis kuku

küünelakk

bulu kapas

vatt

gunting kuku

küünekäärid

pewangi

parfüüm

beg basuhan

tualett-tarvete kott

bangku

taburet

skala berat

kaal

jubah mandi

hommikumantel

sarung tangan getah

kummikindad

kapas

tampoon

tuala wanita

hügieeniside

tandas kimia

keemiline tualett

bilik kanak-kanak
lastetuba

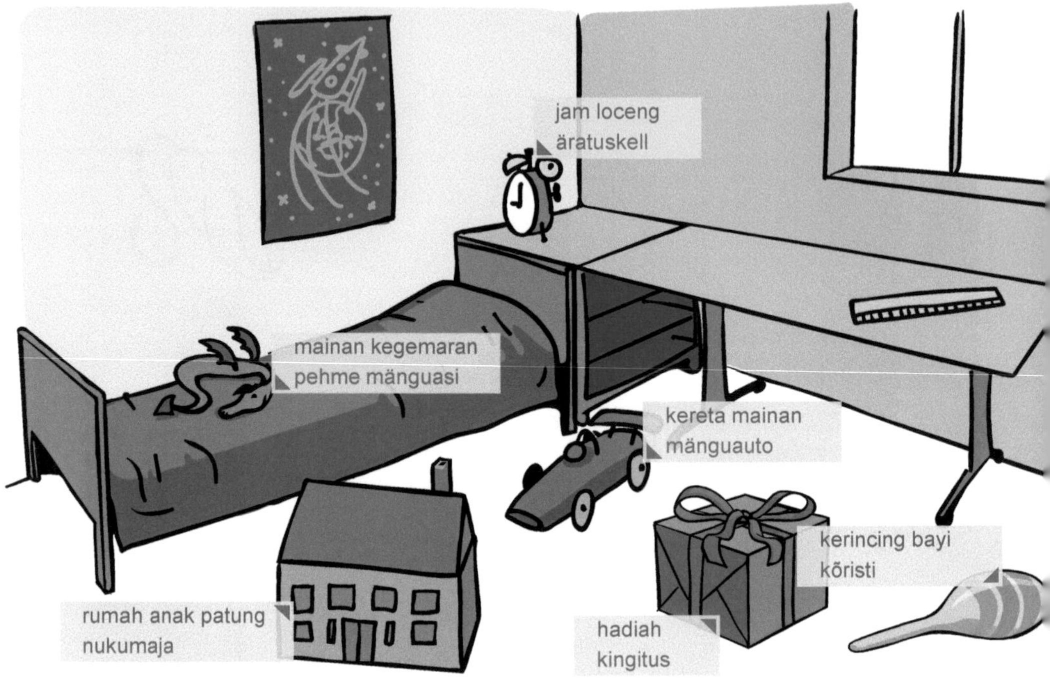

jam loceng
äratuskell
mainan kegemaran
pehme mänguasi
kereta mainan
mänguauto
kerincing bayi
kõristi
rumah anak patung
nukumaja
hadiah
kingitus

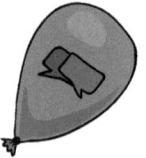

belon
õhupall

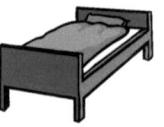

katil
voodi

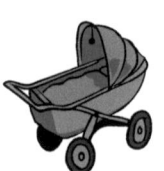

kereta sorong bayi
lapsevanker

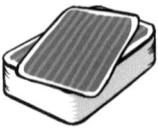

set kad
kaardipakk

susun suai gambar
pusle

SUPER
MEGA

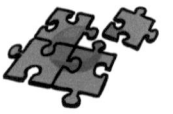

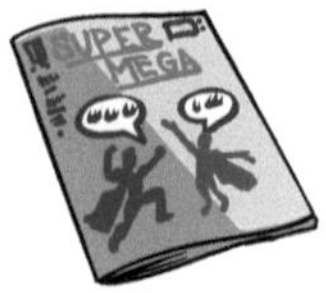

komik
koomiks

batu bata lego

Lego klotsid

blok mainan

klotsid

figura aksi

kujuke

baju bayi

siputuspüksid

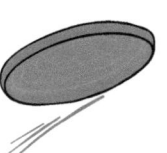

frisbee

lendav taldrik

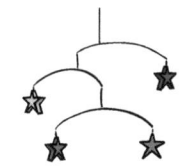

mainan bayi mudah alih

voodikarussell

permainan papan

lauamäng

dadu

täringud

set model kereta api

mudelrong

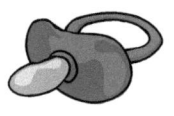

palsu

lutt

parti

pidu

buku bergambar

pildiraamat

bola

pall

anak patung

nukk

main

mängima

lubang pasir

liivakast

buai

kiik

mainan

mänguasjad

konsol permainan video

mängukonsool

basikal roda tiga

kolmerattaline jalgratas

anak patung beruang

mängukaru

almari pakaian

riidekapp

pakaian

riietus

stoking

sokid

stoking

sukad

ketat

sukkpüksid

skarf
sall

payung
vihmavari

keselamatan

kemeja-t
T-särk

but
saapad

selipar
sussid

kasut sukan
tossud

sandal
sandaalid

kasut
jalatsid

but getah
kummikud

seluar dalam
aluspüksid

coli
rinnahoidja

ves
vest

pakaian - riietus

45

badan

bodi

Seluar panjang

püksid

jean

teksapüksid

skirt

seelik

blaus

pluus

kemeja

särk

baju panas sarung

sviiter

sweater

dressipluus

blazer

bleiser

jaket

jakk

kot

mantel

baju hujan

vihmamantel

kostum

kostüüm

pakaian

kleit

baju pengantin

pulmakleit

sut	baju tidur	baju tidur
ülikond	öösärk	pidžaama

sari	skarf kepala	serban
sari	pearätt	turban

burqa	kaftan	abaya/jubah
burka	kaftan	abayah

baju renang	seluar renang	seluar pendek
ujumistrikoo	ujumispüksid	lühikesed püksid

sut balapan	apron	sarung tangan
dressid	põll	kindad

butang

nööp

cermin mata

prillid

gelang tangan

käevõru

rantai leher

kaelakee

cincin

sõrmus

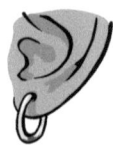

subang

kõrvarõngas

topi

nokamüts

penyangkut kot

riidepuu

topi

kaabu

tali leher

lips

zip

tõmblukk

topi keledar

kiiver

pendakap

traksid

uniform sekolah

koolivorm

seragam

vormirõivad

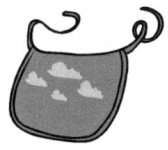

lapik dada

pudipõll

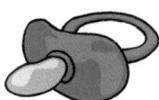

palsu

lutt

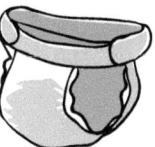

lampin

mähe

pejabat
kontor

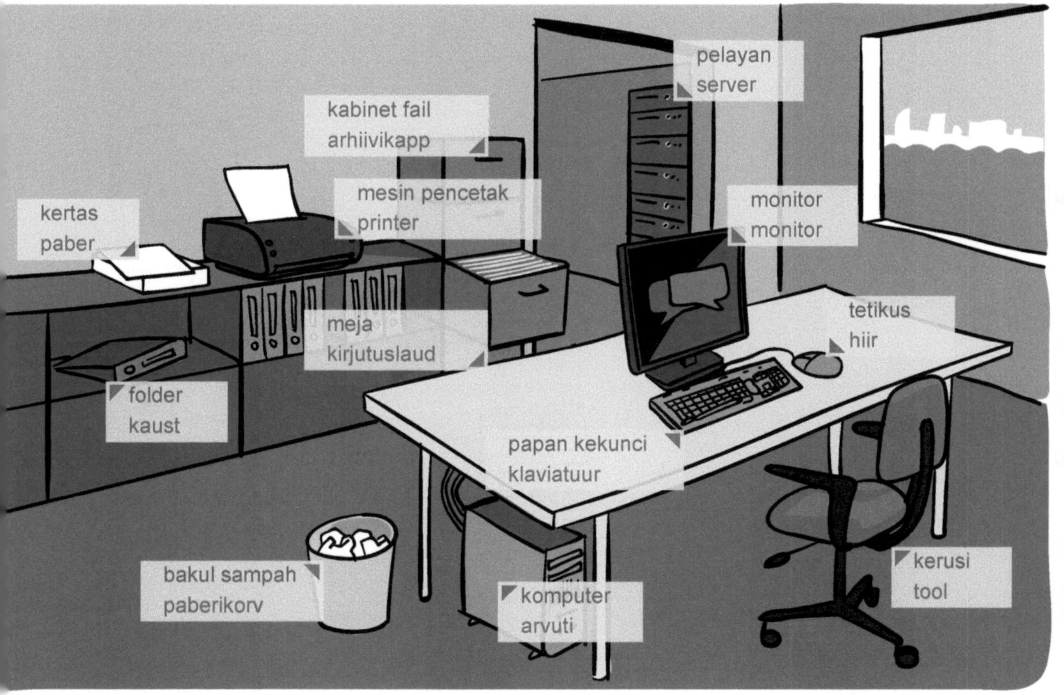
pelayan
server
kabinet fail
arhiivikapp
mesin pencetak
printer
kertas
paber
monitor
monitor
tetikus
hiir
meja
kirjutuslaud
folder
kaust
papan kekunci
klaviatuur
bakul sampah
paberikorv
komputer
arvuti
kerusi
tool

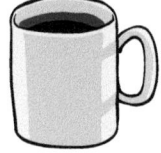

cawan kopi

kohvikruus

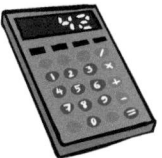

kalkulator

kalkulaator

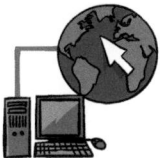

internet

internet

komputer riba

sülearvuti

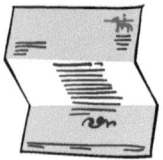

surat

kiri

mesej

sõnum

mudah alih

mobiiltelefon

rangkaian

võrk

mesin fotokopi

koopiamasin

perisian

tarkvara

telefon

telefon

soket plag

pistikupesa

mesin faks

faksimasin

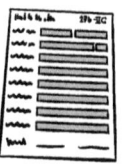

bentuk

vorm

dokumen

dokument

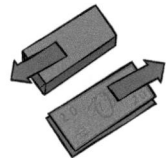

beli

ostma

bayar

maksma

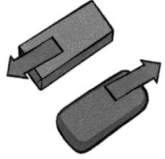

berdagang

vahetama

wang

raha

dolar

dollar

euro

euro

yen

jeen

rubel

rubla

franc swiss

Šveitsi frank

renminbi yuan

renminbi jüaan

rupee

ruupia

mata tunai

sularahaautomaat

pejabat tukaran mata wang

valuutavahetuspunkt

emas

kuld

perak

hõbe

minyak

nafta

tenaga

energia

harga

hind

kontrak

leping

cukai

maks

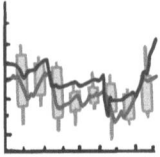

stok

aktsia

kerja

töötama

pekerja

töötaja

majikan

tööandja

kilang

tehas

kedai

kauplus

pekerjaan
ametid

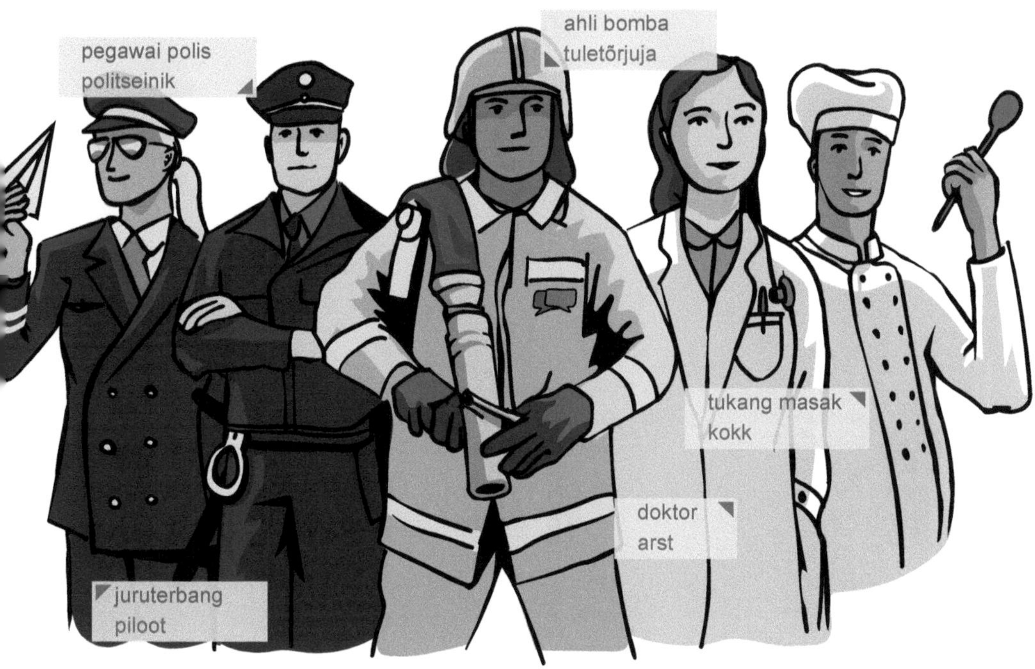
ahli bomba
tuletõrjuja
pegawai polis
politseinik
tukang masak
kokk
doktor
arst
juruterbang
piloot

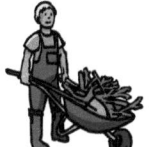

tukang kebun

aednik

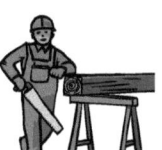

tukang kayu

puusepp

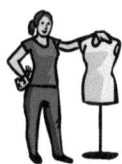

tukang jahit

õmbleja

hakim

kohtunik

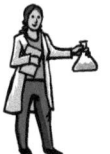

ahli kimia

keemik

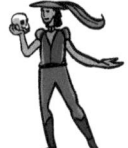

pelakon

näitleja

pemandu bas

bussijuht

pemandu teksi

taksojuht

nelayan

kalamees

wanita pencuci

koristaja

kasau

katusepaigaldaja

pelayan

kelner

pemburu

jahimees

pelukis

maaler

bakeri

pagar

juruelektrik

elektrik

pembangun

ehitaja

jurutera

insener

penjual daging

lihunik

tukang paip

torumees

posmen

postiljon

askar

sõdur

arkitek

arhitekt

juruwang

kassapidaja

kedai bunga

lillemüüja

pendandan rambut

juuksur

konduktor

piletikontrolör

mekanik

mehaanik

kapten

kapten

doktor gigi

hambaarst

ahli sains

teadlane

tuhanku

rabi

imam

imaam

sami

munk

paderi

preester

alat
tööriistad

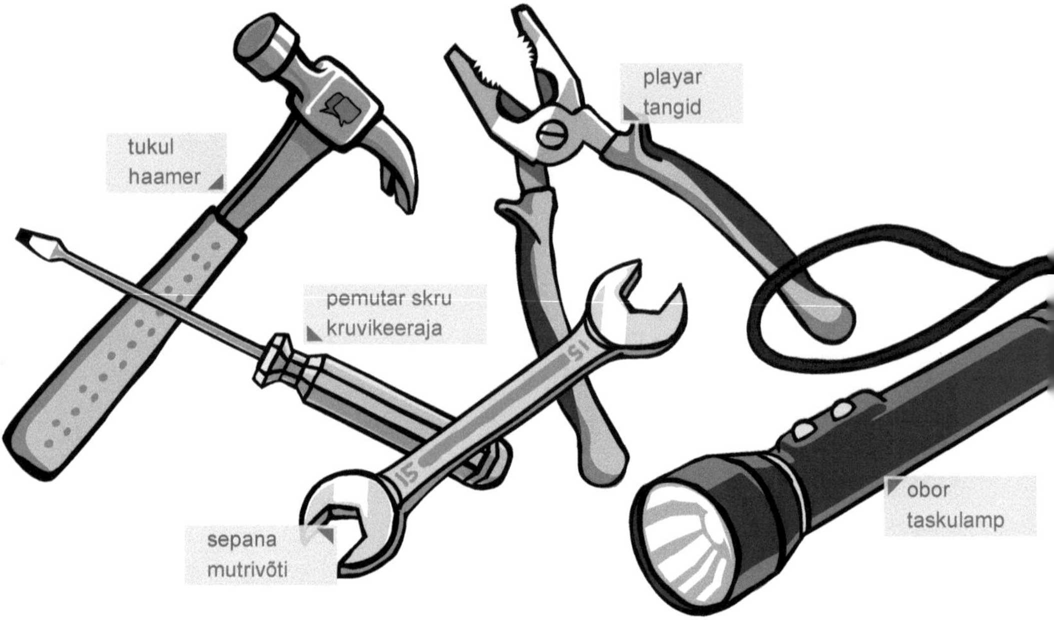

tukul
haamer
playar
tangid
pemutar skru
kruvikeeraja
sepana
mutrivõti
obor
taskulamp

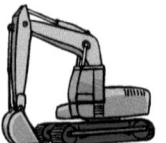

pengorek

ekskavaator

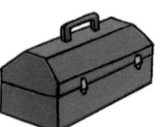

kotak peralatan

tööriistakast

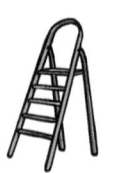

tangga

redel

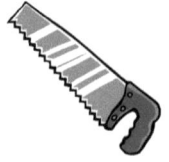

gergaji

saag

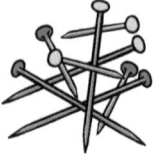

kuku

naelad

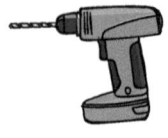

gerudi

trell

baiki
....
parandama

penyodok
....
labidas

Celaka!
....
Põrgusse!

penadah sampah
....
kühvel

periuk cat
....
värvipott

skru
....
kruvid

alat muzik
pillid

perangkat dram
trummikomplekt

pembesar suara
kõlar

gitar
kitarr

bass berganda
kontrabass

trompet
trompet

piano

klaver

biola

viiul

bass

bass

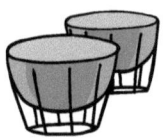

timpani

timpan

dram

trummid

papan kekunci

süntesaator

saksofon

saksofon

seruling

flööt

mikrofon

mikrofon

loomaaed

harimau
tiiger

pintu masuk
sissepääs

sangkar
puur

zebra
sebra

makanan haiwan
loomasööt

panda
panda

haiwan
....
loomad

gajah
....
elevant

kanggaru
....
känguru

badak sumbu
....
ninasarvik

gorila
....
gorilla

beruang
....
karu

unta
kaamel

burung unta
jaanalind

singa
lõvi

monyet
ahv

flamingo
flamingo

nuri
papagoi

beruang kutub
jääkaru

penguin
pingviin

yu
hai

merak
paabulind

ular
madu

buaya
krokodill

penjaga zoo
loomaaiatalitaja

anjing laut
hüljes

jaguar
jaaguar

kuda

poni

harimau

leopard

badak air

jõehobu

zirafah

kaelkirjak

helang

kotkas

babi jantan

metssiga

ikan

kala

penyu

kilpkonn

anjing laut

morsk

musang

rebane

rusa

gasell

bola sepak Amerika
Ameerika jalgpall

berbasikal
jalgrattasõit

tenis
tennis

bola keranjang
korvpall

renang
ujumine

tinju
poksimine

hoki ais
jäähoki

bola sepak
jalgpall

badminton
sulgpall

olahraga
kergejõustik

bola baling
käsipall

ski
suusatamine

polo
polo

lompat
hüppama

ketawa
naerma

peluk
kallistama

berjalan
jalutama

menyanyi
laulma

mimpi
unistama

berdoa
palvetama

cium
suudlema

tulis	lukis	tunjuk
kirjutama	joonistama	näitama
tolak	beri	ambil
lükkama	andma	võtma

ada
omama

buat
tegema

ialah
olema

berdiri
seisma

lari
jooksma

tarik
tõmbama

buang
viskama

jatuh
kukkuma

tipu
lamama

tunggu
ootama

bawa
kandma

duduk
istuma

pakai
riidesse panema

tidur
magama

bangkit
ärkama

lihat pada

vaatama

menangis

nutma

strok

paitama

sikat

kammima

cakap

rääkima

faham

aru saama

tanya

küsima

dengar

kuulama

minum

jooma

makan

sööma

mengemas

korrastama

sayang

armastama

masak

süüa tegema

pandu

sõitma

terbang

lendama

belayar

purjetama

kira

arvutama

baca

lugema

belajar

õppima

kerja

töötama

nikah

abielluma

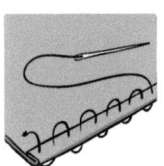

jahit

õmblema

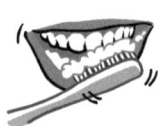

memberus gigi

hambaid pesema

bunuh

tapma

asap

suitsetama

hantar

saatma

keluarga
perekond

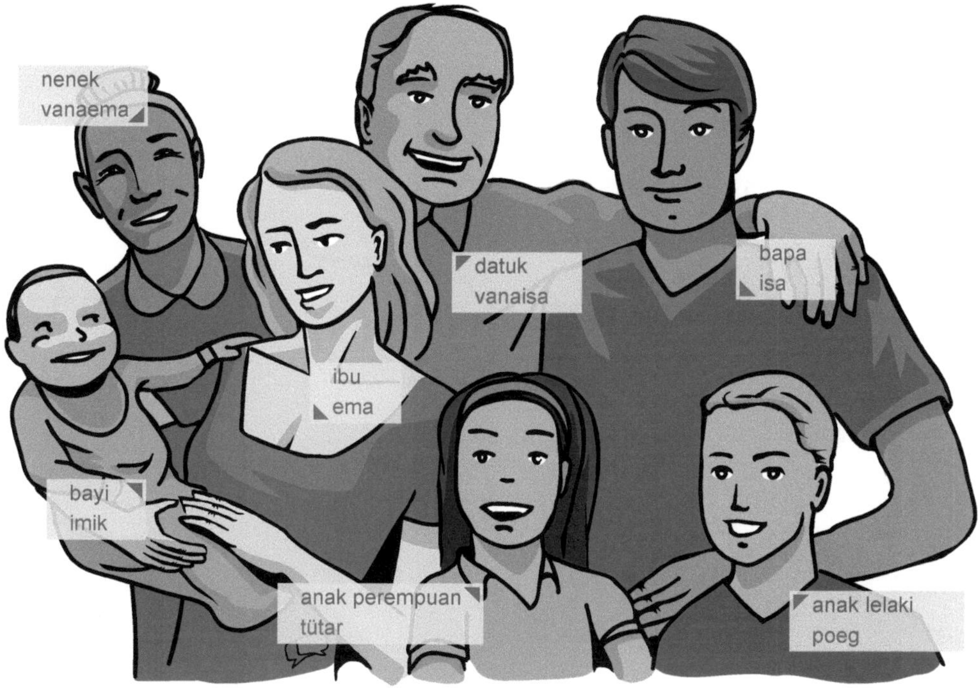

nenek
vanaema
datuk
vanaisa
bapa
isa
ibu
ema
bayi
imik
anak perempuan
tütar
anak lelaki
poeg

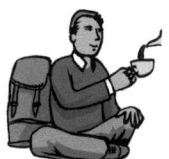

tetamu

külaline

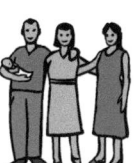

mak cik

tädi

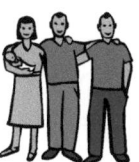

pak cik

onu

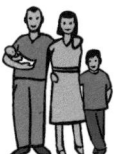

abang

vend

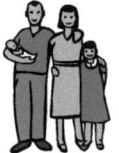

kakak

õde

badan
keha

dahi
otsmik
mata
silm
bahu
õlg
jari
sõrm
muka
nägu
dagu
lõug
tangan
käsi
kaki
jalg
dada
rind
lengan
käsivars

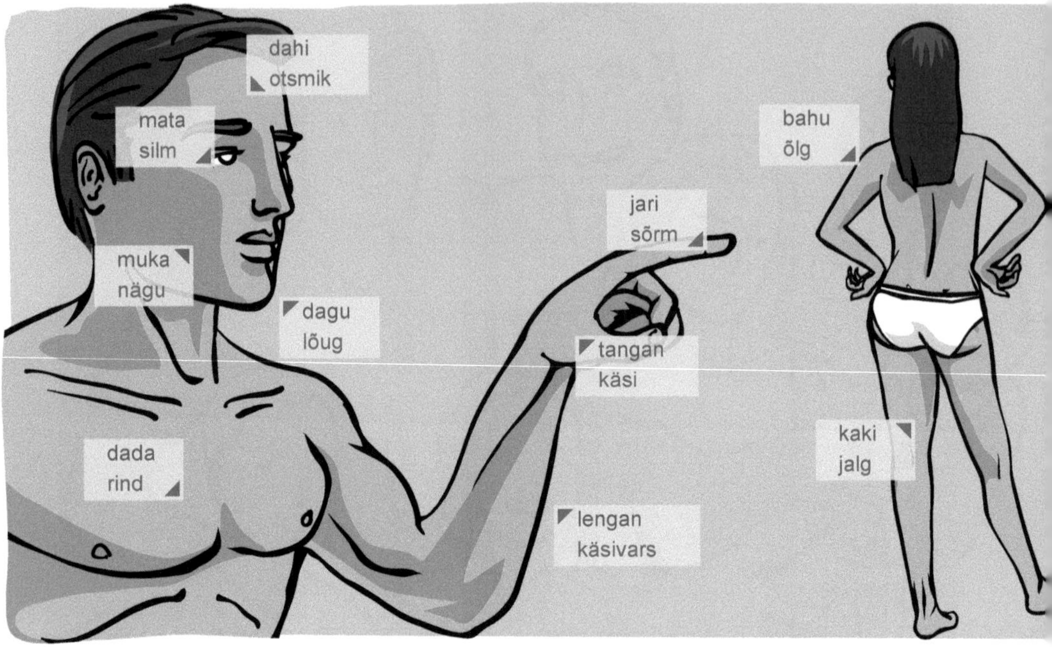

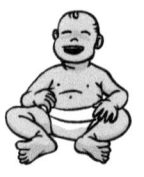

bayi

imik

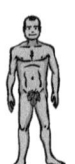

lelaki

mees

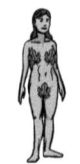

wanita

naine

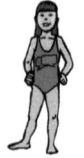

perempuan

tüdruk

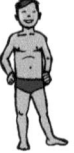

lelaki

poiss

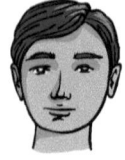

kepala

pea

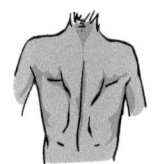

belakang

selg

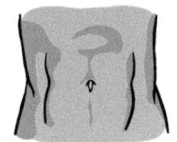

bawah perut

kõht

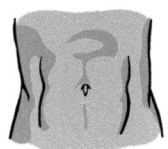

pusat

naba

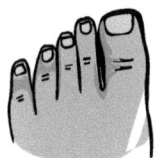

jari kaki

varvas

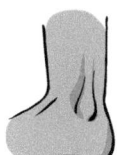

tumit

kand

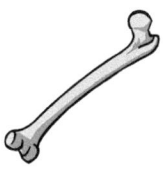

tulang

luu

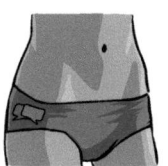

pinggul

puus

lutut

põlv

siku

küünarnukk

hidung

nina

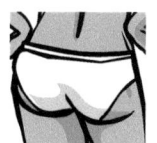

bawah

tagumik

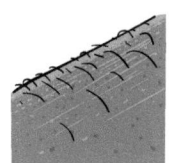

kulit

nahk

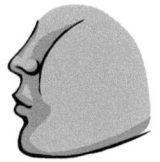

pipi

põsk

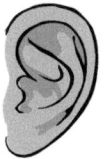

telinga

kõrv

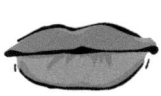

bibir

huuled

mulut

suu

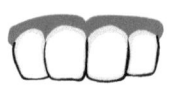

gigi

hammas

lidah

keel

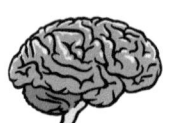

otak

aju

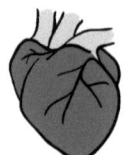

hati

süda

otot

lihas

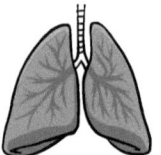

paru-paru

kops

hati

maks

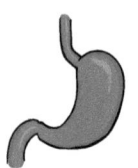

perut

magu

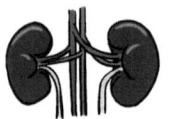

buah pinggang

neerud

seks

seksuaalvahekord

kondom

kondoom

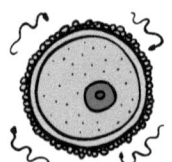

faraj

munarakk

mani

sperma

mengandung

rasedus

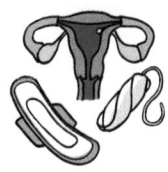

haid

menstruatsioon

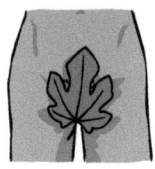

faraj

vagiina

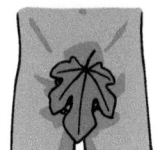

penis

peenis

kening

kulm

rambut

juuksed

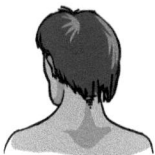

leher

kael

hospital

haigla

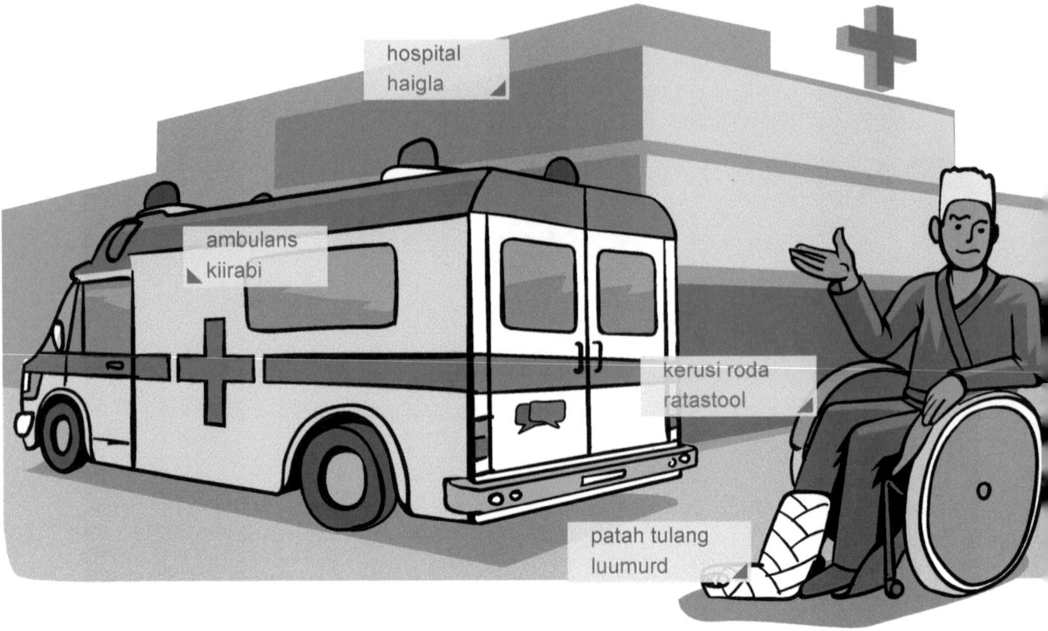

hospital
haigla
ambulans
kiirabi
kerusi roda
ratastool
patah tulang
luumurd

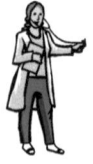

doktor
arst

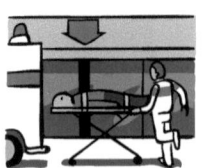

bilik kecemasan
traumapunkt

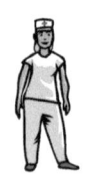

jururawat
meditsiiniõde

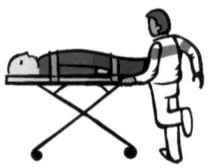

kecemasan
hädaolukord

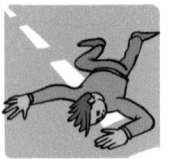

tak sedar
teadvuseta

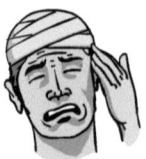

sakit
valu

kecederaan

vigastus

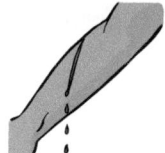

pendarahan

verejooks

serangan jantung

südamerabandus

strok

insult

alergi

allergia

batuk

köha

demam

palavik

selesema

gripp

cirit-birit

kõhulahtisus

sakit kepala

peavalu

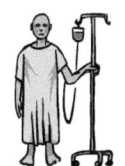

kanser

vähk

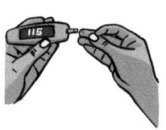

diabetes

diabeet

pakar bedah

kirurg

pisau bedah

skalpell

pembedahan

operatsioon

CT
KT

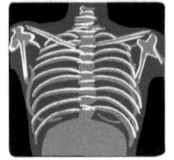

x-ray
röntgen

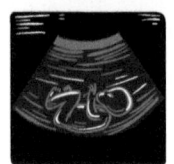

ultrabunyi
ultraheli

topeng muka
mask

penyakit
haigus

bilik menunggu
ooteruum

penongkat
kark

plaster
kips

pembalut
side

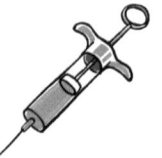

suntikan
süst

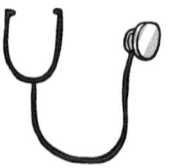

stetoskop
stetoskoop

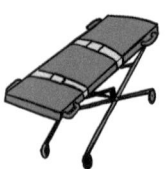

pengusung
kanderaam

termometer klinik
kraadiklaas

kelahiran
sünd

berat badan berlebihan
ülekaaluline

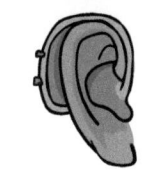
alat pendengaran
kuuldeaparaat

disinfektan
desinfektsioonivahend

jangkitan
põletik

virus
viirus

HIV / AIDS
HIV / AIDS

perubatan
meditsiin

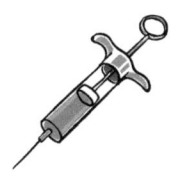
vaksinasi
vaktsineerimine

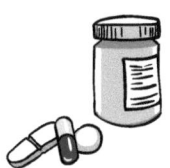
tablet
tabletid

pil
pill

panggilan kecemasan
hädaabikõne

pantau tekanan darah
vererõhuaparaat

sakit / sihat
haige / terve

Tolong!

Appi!

penggera

häire

serang

kallaletung

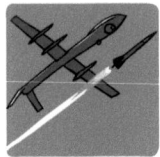

serangan

rünnak

bahaya

oht

pintu kecemasan

avariiväljapääs

Api!

Tulekahju!

alat pemadam api

tulekustuti

kemalangan

õnnetus

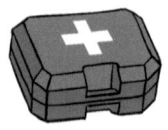

alat pertolongan cemas

esmaabikomplekt

SOS

SOS

polis

politsei

Eropah

Euroopa

Amerika Utara

Põhja-Ameerika

Amerika Selatan

Lõuna-Ameerika

Afrika

Aafrika

Asia

Aasia

Australia

Austraalia

Atlantic

Atlandi ookean

Pasifik

Vaikne ookean

Lautan Hindi

India ookean

Lautan Antartik

Lõuna-Jäämeri

Lautan Artik

Põhja-Jäämeri

Kutub utara

põhjapoolus

Kutub Selatan

lõunapoolus

Antartika

Antarktika

bumi

Maa

tanah

maismaa

laut

meri

pulau

saar

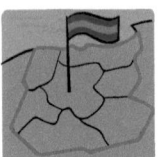

negara

rahvus

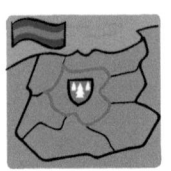

negeri

riik

muka jam

sihverplaat

tangan jam

tunniosuti

tangan minit

minutiosuti

terpakai

sekundiosuti

Jam berapa sekarang

Mis kell on?

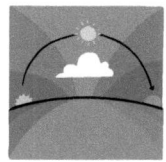

hari

päev

masa

aeg

sekarang

praegu

jam digital

digitaalne kell

minit

minut

jam

tund

minggu
nädal

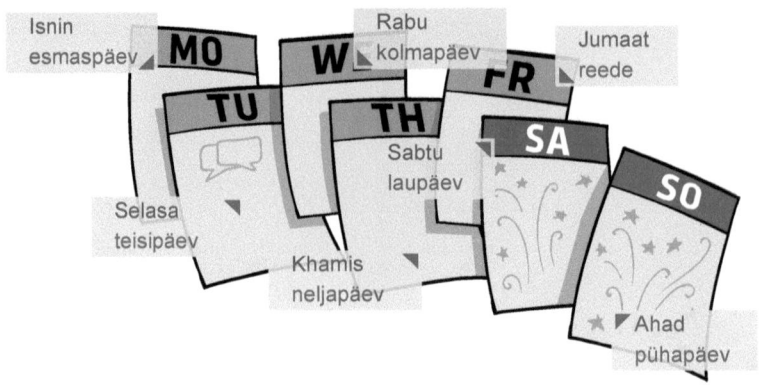

Isnin esmaspäev — MO
Rabu kolmapäev — W
Jumaat reede — FR
TU
TH
Selasa teisipäev
Sabtu laupäev — SA
Khamis neljapäev
SO
Ahad pühapäev

semalam
eile

hari ini
täna

esok
homme

pagi
hommik

tengah hari
lõuna

petang
õhtu

MO	TU	WE	TH	FR	SA	SU
1	2	3	4	5	6	7
8	9	10	11	12	13	14
15	16	17	18	19	20	21
22	23	24	25	26	27	28
29	30	31	1	2	3	4

hari kerja
tööpäevad

MO	TU	WE	TH	FR	SA	SU
1	2	3	4	5	6	7
8	9	10	11	12	13	14
15	16	17	18	19	20	21
22	23	24	25	26	27	28
29	30	31	1	2	3	4

hari minggu
nädalavahetus

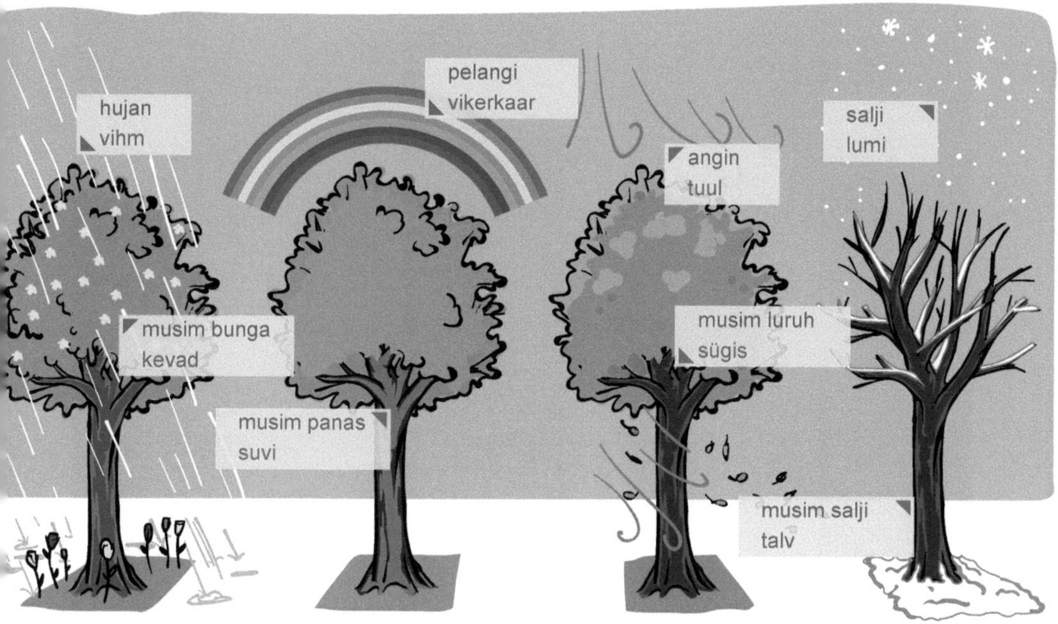

hujan
vihm
pelangi
vikerkaar
angin
tuul
salji
lumi
musim bunga
kevad
musim panas
suvi
musim luruh
sügis
musim salji
talv

4.APRIL 11°
5.APRIL 4°
6.APRIL 13°
7.APRIL 8°
8.APRIL 10°

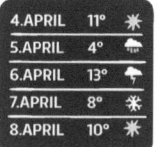

ramalan cuaca

ilmaennustus

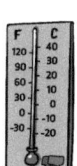

termometer

termomeeter

sinar matahari

päikesepaiste

awan

pilv

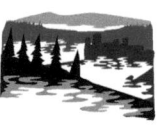

kabus

udu

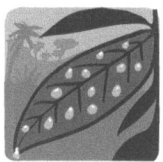

lembapan

niiskus

kilat

pikne

petir

kõu

ribut

torm

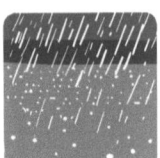

hujan batu

rahe

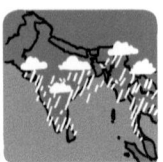

monsun

mussoon

banjir

üleujutus

ais

jää

Januari

jaanuar

Februari

veebruar

Mac

märts

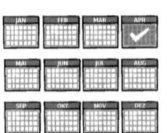

April

aprill

Mei

mai

Jun

juuni

Julai

juuli

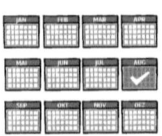

Ogos

august

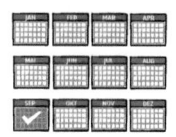

September
....
september

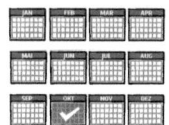

Oktober
....
oktoober

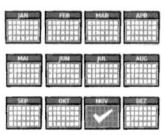

November
....
november

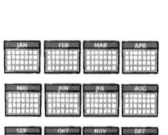

Disember
....
detsember

bentuk

kujundid

bulatan
....
ring

petak
....
ruut

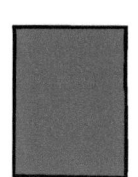

segi empat tepat
....
nelinurk

segitiga
....
kolmnurk

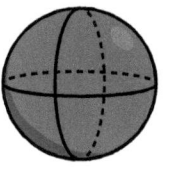

sfera
....
kera

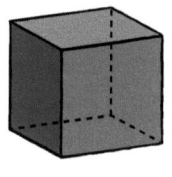

kiub
....
kuup

warna
värvid

putih
valge

kuning
kollane

oren
oranž

merah jambu
roosa

merah
punane

ungu
lilla

biru
sinine

hijau
roheline

coklat
pruun

kelabu
hall

hitam
must

banyak / sedikit

palju / vähe

marah / tenang

vihane / rahulik

cantik / hodoh

ilus / inetu

bermula / tamat

algus / lõpp

besar kecil

suur / väike

terang / gelap

hele / tume

abang / kakak

vend / õde

bersih / kotor

puhas / must

lengkap / tidak lengkap

täielik / puudulik

hari / malam

päev / öö

mati / hidup

surnud / elus

luas / sempit

lai / kitsas

boleh dimakan / tidak boleh dimakan
söödav / mittesöödav

jahat / baik
kuri / sõbralik

teruja / bosan
põnevil / tüdinud

gemuk / kurus
paks / peenike

pertama / terakhir
esimene / viimane

kawan / musuh
sõber / vaenlane

penuh / kosong
täis / tühi

keras / lembut
kõva / pehme

berat / ringan
raske / kerge

lapar / dahaga
nälg / janu

sakit / sihat
haige / terve

menyalahi undang-undang / undang-undang
ebaseaduslik / seaduslik

pintar / bodoh
tark / rumal

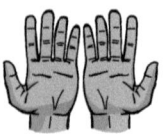

kiri / kanan
vasak / parem

dekat / jauh
lähedal / kaugel

baru / lama
uus / kasutatud

tiada / sesuatu
mitte midagi / midagi

tua / muda
vana / noor

hidup / mati
sees / väljas

terbuka / tertutup
lahti / kinni

diam / bising
vaikne / vali

kaya / miskin
rikas / vaene

betul / salah
õige / vale

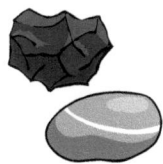

kasar / halus
kare / sile

sedih / gembira
kurb / rõõmus

pendek / panjang
lühike / pikk

lambat / laju
aeglane / kiire

basah / kering
märg / kuiv

panas / sejuk
soe / jahe

berperang / berdamai
sõda / rahu

nombor
numbrid

0

sifar
null

1

satu
üks

2

dua
kaks

3

tiga
kolm

4

empat
neli

5

lima
viis

6

enam
kuus

7

tujuh
seitse

8

lapan
kaheksa

9

sembilan
üheksa

10

sepuluh
kümme

11

sebelas
üksteist

12

dua belas

kaksteist

13

tiga belas

kolmteist

14

empat belas

neliteist

15

lima belas

viisteist

16

enam belas

kuusteist

17

tujuh belas

seitseteist

18

lapan belas

kaheksateist

19

Sembilan belas

üheksateist

20

dua puluh

kakskümmend

100

ratus

sada

1.000

ribu

tuhat

1.000.000

juta

miljon

nombor - numbrid

Bahasa Inggeris

inglise

Bahasa Inggeris Amerika

Ameerika inglise

Bahasa Cina Mandarin

mandariini

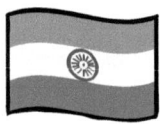

Bahasa Hindi

hindi

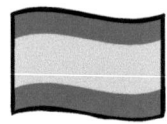

Bahasa Sepanyol

hispaania

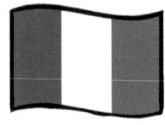

Bahasa Perancis

prantsuse

Bahasa Arab

araabia

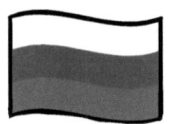

Bahasa Rusia

vene

Bahasa Portugis

portugali

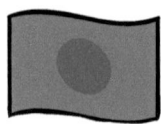

Bahasa Benggali

bengali

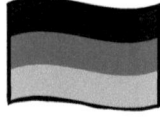

Bahasa Jerman

saksa

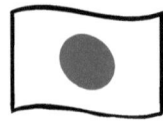

Bahasa Jepun

jaapani

saya

mina

anda

sina

dia / dia / ia

tema

kita

meie

anda

teie

mereka

nemad

siapa?

kes?

apa?

mis?

bagaimana?

kuidas?

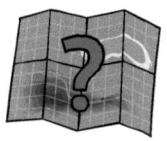

di mana?

kus?

bila?

millal?

nama

nimi

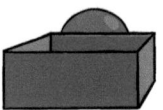

belakang

taga

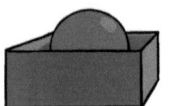

dalam

sees

di hadapan

ees

lebih

kohal

pada

peal

di bawah

all

bersebelahan

kõrval

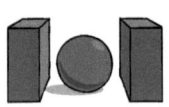

antara

vahel

tempat

koht